사진으로 하는 의식 성찰

쉼표

영원으로
열리는 순간

사진으로 하는 의식 성찰

쉼표

영원으로
열리는 순간

글·사진 김두현 S.J.

성서와함께

프
롤
로
그

† Ad Majorem Dei Gloriam

제 삶의 여정 중에 만난 좋은 인연들에 감사드리고,
특히 이냐시오 성인의 여정을 따라 사는 삶으로
초대해주심에 감사드리며

"내 영혼아, 주님께서 해주신 일 하나도 잊지 마라."
시편 103,2

미국, 2014

머리말

사진을 찍는 것은 빛을 담아내는 일입니다. 빛이 비추는 세상을 시선의 각도와 방향, 빛의 양과 질을 고려하고 조절하여 나타내는 작업입니다. 그것들에 따라서 보이는 현실은 참 다릅니다. 그러기에 다르게 보려는 노력이 필요합니다. 사실, 빛이 없다면 '본다'는 행위 자체가 불가능합니다. 형태와 윤곽은커녕 색깔도 보지 못할 것입니다. 신앙인의 삶도 그러한 듯합니다. 하느님의 빛이 비추어야만 우리는 비로소 신앙의 눈으로 우리 삶의 매 순간을, 우리가 마주한 사람들을, 주변의 세상과 자연, 우리의 일상을 온전히 볼 수 있습니다. 이 모두를 그분의 빛 안에서 본다면, 그 안에 담긴 작지만 아름답게 빛나는 희망과 빛, 위안, 기쁨을 찾을 수 있습니다. 사진으로 빛을 담아내는 작업은 하느님의 빛을 통해 드러나는 우리의 일상을 담아내는 작업과 닮았습니다.

스마트폰의 발달과 함께 SNS 사용자가 엄청나게 늘어났고, 그 영향으로 사진 찍는 일이 일상의 일부로 자리 잡은 지 오래입니다. 즉흥적이고 과시적인 사진들도 있지만, 가족과 친구 등 우리가 사랑하는 사람들과 함께한 소중한 시간을 담은 좋은 추억의 기록이 대부분입니다. 하지만 남에게 보이기 위해 인스턴트식으로 사진이 빨리빨리 소모되는 현상은 매우 아쉽습니다. 사진을 찍는 그 순간을 충분히 살지 못하고, 셔터를 누르는 행위에만 신경을 집중하는 경우도 허다합니다. 현재의 순간에 충실히 머무르며 소중한 순간, 사람, 사물, 풍경을 사진에 담아보는 여유, 그리고 사진 하나하나에 담겨 있고 또 담을 수 있는 사연과 이야기들에 머무르며 마음에서 되살려보는 여유가 사라지는 것 같습니다.

사진을 좋아하시는 아버지 덕에 어릴 적부터 사진기와 가깝게 지냈고, 대학 때 제대로 배울 수 있는 기회도 있었습니다. 하지만 사진에 좀 더 진지하게 다가간 시기는 수도회에 입회한 후였습니다. 어려서부터 여기저기 돌아다니며 살아온 탓에 제대로 할 줄 아는 언어가 없었습니다. 어떻게든 내 경험과 생각, 감정 같은 깊은 내면의 것들을 나누고자 했지만, 어휘력이 부족해 제대로 표현되지 않아서 답답함이 컸습니다. 그래서 사진을 제 내면을 표현하는 하나의 도구로 삼아 진지하게 다가갔습니다. 그렇다고 해서 제가 특별히 사진을 잘 찍는다고 생각하지는 않습니다. 그저 소통하기 위한 저의 표현 수단으로 여길 뿐입니다.

그러던 어느 날 '성서와함께'에서 사진과 성경 구절, 묵상을 담은 사진책을 출간해보자는 제안을 받았습니다. 그때는 마침 사진을 나눔과 사도적 도구로 결정한 후였습니다. 그래서인지 이 초대는 마치 하느님께서 제 결정을 인정해주시는 것으로 느껴졌고, 제게 큰 위안이 되었습니다.

이 책에서는 소소한 일상이 담긴 사진을 통해 우리 삶의 한복판에 함께하시는 하느님을, 그분의 말씀을 나누고자 합니다.

제1부는 로욜라의 이냐시오 성인이 영신수련에서 소개한 '의식 성찰'의 단계에 따라 구성했습니다. '감사-청원-성찰-새로남'이라는 단계를 거치며 하루의 삶을 하느님과 함께 돌아보는 기도입니다. 제2부는 '걷다'라는 주제로 산티아고 순례길을 걸은 체험, 산책의 체험 그리고 모두 멈출 수밖에 없었던 코로나19 초기의 경험을 다루었습니다. 책 뒤에서는 의식 성찰의 과정을 좀 더 자세히 설명했습니다. 또한 길을 걸으며 말씀을 묵상하고 사진으로 담아내는 '피정'에 대해서도 간략히 설명하였습니다.
  이 책이 일상을 돌아보며, 사소한 순간순간에 함께하셨던 하느님의 손길과 그분의 현존을 느끼는 데 조금이나마 도움이 되길 바랍니다.

2022년 로욜라의 성 이냐시오 축일에
김두현

이
책
의
활
용
법

이 책은 편안한 마음으로 읽으시면 좋겠습니다. 보통 때처럼 처음부터 끝까지 읽으셔도 좋고, 마음에 와닿는 주제나 사진을 찾아서, 성경 구절을 따라서, 혹은 저의 묵상을 좇아서 읽어가도 좋겠습니다.

그저 우리 마음을 건드리고 울림을 주는 하느님(성령)의 손길에 섬세하고 열린 마음, 기도하는 마음으로 천천히 여유 있게 읽으시면 좋겠습니다.

차례

프롤로그	4
머리말	6
이 책의 활용법	9

제1부 ──── 의식 성찰

I. 감사	15
II. 청원	41
III. 성찰	67
IV. 새로남	93

제2부 ——————— 걷기   쉼표, ——————— 둘

산티아고 가는 길   120   의식 성찰   148

해변   130   길거리 피정   150

공동묘지   134

코로나19로 멈춤   138

에필로그   144

제 1 부

,

의식 성찰

I. 감사

일상의 작은 것들에서 하느님 찾기

"저의 기도 당신 면전의 분향으로 여기시고
저의 손 들어 올리니 저녁 제물로 여겨주소서."

시편 141,2

감사 1 │ 저는 기도를 시작할 때 향을 즐겨 피웁니다. 향이 하늘로 피어오르듯이 제 기도도, 가능하다면 저 자신도 그분께 온전히 봉헌되길 바라면서 말입니다. 우리는 언제나 함께하시는 하느님과 만나는 장소를 다양한 방법으로 표현할 수 있습니다.

향, 초, 음악, 십자가, 성모상, 자신만의 그 무엇이든지 지금 우리를 사랑스럽게 바라보고 계신 주님 앞에, 그분 안에 있음을 상기시키면서 우리가 그분과 더 깊이 머물 수 있도록 도울 것입니다.

내가 예수님을 만나는 장소는 어디입니까?

대한민국, 2006

"마음이 깨끗한 사람들!
그들은 하느님을 볼 것이다."

마태 5,8

감사 2

새로운 언어를 배운 경험이 다들 있을 것입니다. 어느 정도 배우면 듣는 귀가 열립니다. 그래서 말을 알아듣고 이해할 수는 있는데 입이 아직 귀만큼 열리지 못함을 느낍니다. 남의 말은 들리는데 내 말이 잘 따라가지 못하는 것이지요. 그런데 기도에서는 그렇지 않다는 생각이 들었습니다.

처음 기도를 배우기 시작할 때 우리는 자기 말 하기에 바빠 잘 듣지 못합니다. 기도는 하느님과 소통하기 위한 언어인데 말이지요. 언젠가 하느님의 말씀을 듣기 시작한다면, 사실 그분의 언어는 침묵에 가깝다고 생각할 것입니다.

기도는 평온한 고요함 속에 오가는 대화지요. 하지만 우리가 침묵 가운데 대화하는 법, 듣는 법, 말하는 법을 모르기에 기도가 힘든 것 같습니다. 침묵에서 고요히 듣는 법을 배우고, 침묵 속에서 대화하는 그분의 초대에 뜨겁게 응해봅시다.

이탈리아, 2017

"보십시오, 하느님! 두루마리에 저에 관하여 기록된 대로 저는 당신의 뜻을 이루러 왔습니다."

히브 10,7

감사 3 | 마음이 불편하고 힘들 때는 감사할 것들을 찾아보고, 그 고마움을 표현하는 데서 도움을 받습니다. 감사는 우리가 항상 당연하다고 생각하며 받는 것들이 실은 그렇지 않음을 깨우쳐줍니다. 또한 우리가 받은 것을 기억하고 상기시킵니다. 그리하여 감사는 마음을 너그럽고 넉넉하게 만들어줍니다.
　감사의 자세는 곧 하느님의 뜻이 이루어지기를 바라는, 비어 있고 열린 마음입니다. 오늘 하루를 돌아보며 내가 당연하다고 생각했던 것들이 무엇이었는지, 주어진 소중한 것들을 소홀히 하고 다른 것들을 찾지는 않았는지 돌아봅니다.
　하느님 앞으로 돌아와서, 받은 많은 것을 기억하며 감사드립시다.

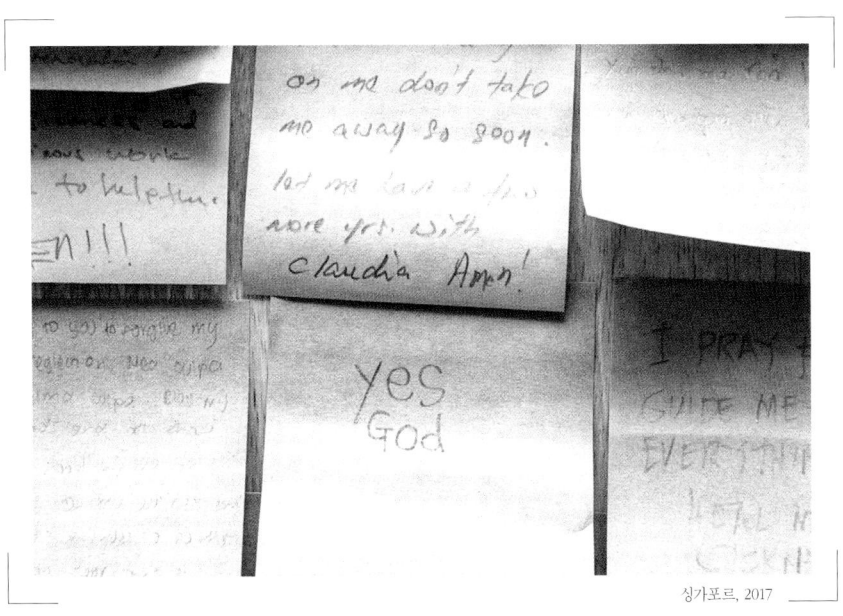

싱가포르, 2017

"너희는 멈추고 내가 하느님임을 알아라."

시편 46,11

감사 4

스페인 살라망카에서 이냐시오 성인이 며칠 동안 잡혀 있었던 한 수도원을 방문했습니다. 젊은 예수회 수사로서 성인의 흔적이 남은 역사적 장소에 왔다는 데 흥분되어 수도원의 곳곳을 살피고 있었습니다. 그러다가 계단을 올라가는데, 창문 너머로 빛이 들어와 계단에 내려앉은 모습이 제 마음을 사로잡았습니다. 마치 잠시 멈춰, 숨을 고르고 깨어 있으라는 초대 같았습니다. 그래서 그곳에 잠시 머물며 내가 어디에 있는지 다시 상기할 수 있었습니다. 그리고 하느님의 초대에 감사드렸습니다.

   쉼표는 긴 문장의 흐름을 끊고 숨 돌릴 기회를 주며, 문장의 뜻을 새롭게 바꾸기도 합니다. 바쁘게 지나가는 일상에서, 작은 쉼표가 중요하게 다가옵니다. 하느님 안에 머물며 잠시 쉬어갈 때 우리 삶의 의미도 새로워지리라 믿습니다.

스페인, 2008

"그분께서는 악인에게나 선인에게나
당신의 해가 떠오르게 하시고,
의로운 이에게나 불의한 이에게나
비를 내려주신다."

마태 5,45

감사 5

저는 봄에 꽃놀이를 즐깁니다. 겨우내 죽은 듯했던 들판과 앙상했던 나무들에서, 봄기운이 꽃봉오리에 모여 팝콘이 "pop pop pop" 터지듯이 꽃을 피웁니다. 봄기운이 나무와 꽃들의 생명력을 힘차게 터트리듯이, 하느님께서는 진정 세상의 모든 것과 모든 사람 안에서 활동하시면서 사랑과 은총, 생명을 흘러넘치도록 채워주십니다. 내가 사랑하는 사람들과 미워하는 사람들, 나의 기쁨과 슬픔, 즐거움과 고뇌, 이 모든 것에서 함께하시면서 나를 이끌어주십니다.

　오늘 하느님께서는 나의 걸음걸음에 어떻게 함께해주셨는지 돌아봅니다.

스페인, 2019

"나는 생명의 빵이다."

요한 6,48

감사 6

스페인에서 언어를 공부할 때였습니다. 좀처럼 말이 늘지 않아 스트레스가 쌓여갈 무렵, 함께 사는 스페인 수사님이 친절하게도 주말에 가까운 곳으로 나가 걷자는 제안을 했습니다. 같은 공부를 하는 다른 수사님 두 분과 함께 들판과 산을 걸었습니다. 답답하고 갑갑한 마음에 싱그러운 산들바람이 스며드는 듯하니 좀 살 것 같았습니다. 잠시 쉬며 빵과 햄으로 간단히 점심을 먹는데, 참 충만한 느낌이 들었습니다. 형제들, 아름다운 자연, 허기를 채워주는 빵….

우리는 주님의 기도로 일용할 양식을 청하고, 그분께서는 우리에게 필요한 것을 하루하루 채워주십니다. 매일 아침 우리는 새롭게 눈을 뜹니다. 새로운 하루, 새로운 생명이 열립니다. 감사한 마음으로 그분의 도우심 안에서 매일매일 충만히 받는 많은 것을 기억합니다.

스페인, 2017

"그들은 그 별을 보고 더없이 기뻐하였다."

마태 2,10

감사 7

캄보디아의 작은 도시 꼼뽕톰 본당에서 일하는 한 필리핀 봉사자와 식사를 하면서, 불교 국가인 캄보디아에서는 성탄 분위기가 전혀 나지 않는다는 이야기를 나누었습니다. 다음 날, 대화했던 내용을 잊고 있던 저에게 그 봉사자는 작은 눈사람과 크리스마스트리 모양 지우개를 건네주었습니다. 동네 시장을 다 돌아다녔는데 아무리 찾아도 성탄절 느낌이 나는 것은 그 지우개들밖에 없었다고 하면서요.

작은 지우개 두 개에서 자신을 비워 사랑으로 오신 예수님의 마음이 진하게 느껴졌습니다. 우리를 생각해주고 위하는 마음이 담긴 선물, 그 관심과 배려가 우리 마음을 따스하고 생기 나게 합니다.

오늘, 마음과 정성을 담은 선물과 배려에 감사한 순간들은 없었는지 돌아봅니다.

캄보디아, 2016

"그리스도의 평화가 여러분의 마음을
다스리게 하십시오. 여러분은 또한 한 몸 안에서
이 평화를 누리도록 부르심을 받았습니다.
감사하는 사람이 되십시오."

콜로 3,15

감사 8

본당 신자분들과 짧은 선교 여정으로 페루 산골짜기 작은 마을에 다녀왔습니다. 하루는 마을의 이곳저곳을 방문하는데, 양 떼를 모는 할머니와 자주 마주쳤습니다. 아기 양과 함께 앉아서 쉬는 할머니의 웃음에서 자신의 삶에 대한 만족감과 함께 생기 넘치는 평안함이 느껴졌습니다. 감사할 수 있는 마음은 가난한 마음입니다. 마음에 내가 원하는 것들로 가득 차 있으면, 나에게 주어진 것을 제대로 보지 못합니다. 우리에게 허락된 것들도, 그리고 어디에서 누군가에게서 왔는지도 보지 못하곤 합니다.

하느님께서는 우리의 삶에 항상 함께하시며 사람과 사건을 통해 말씀하십니다. 우리가 모든 것을 통해 다가오시는 그분께 깨어 있고 감사하는 마음으로 산다면, 분명 주님의 평화가 함께할 것입니다. 오늘, 진정으로 웃은 일이 있었는지요, 받은 것에 오롯이 감사한 일이 있었는지요?

페루, 2014

"두려워하지 마라. 가서 내 형제들에게 갈릴래아로 가라고 전하여라.
그들은 거기에서 나를 보게 될 것이다."

마태 28,10

감사 9 | 프란치스코 교황님은 한 강론에서, 부활하신 예수님께서 제자들에게 갈릴래아로 가라고 이르신 것은 처음으로 당신을 만나고 당신에게서 부르심을 받은 장소에서 새롭게 다시 만나자는 초대라고 말씀하셨습니다. 이는 첫 마음으로 돌아가라는 말, 또 첫사랑을 기억하라는 말과 같습니다.

　우리가 예수님을 처음 만나 뜨겁고 설렜던, 기쁨으로 충만했던 아름다운 순간들을 떠올려봅니다. 우리 신앙의 첫걸음을 다시 한 번 되새기고 감사하며, 오늘 우리 여정의 발걸음을 돌아봅니다.

캄보디아, 2016

"그래서 누구든지 그리스도 안에 있으면 그는 새로운 피조물입니다. 옛것은 지나갔습니다.
보십시오, 새것이 되었습니다."

2코린 5,17

감사 10

지금 제가 지내는 곳에는 세탁기가 없어서 손빨래를 합니다. 워낙 땀을 많이 흘리는 터라 빨래를 자주 해야 합니다. 그래서 어떻게 하면 땀에 찌든 빨래를 잘 빨 수 있을지 연구하다가 마침내 방법을 찾았습니다.

기도할 때도 기도에 몰입하기에 알맞은 상태가 있습니다. 주님의 사랑과 자비 안에 깊이 들어가 머무르며, 새로 나는 데 더욱 적합한 상태가 있습니다. 빨래를 물에 담가놓는 것처럼, 그분의 사랑과 자비에 우리 자신을 더 열고 내맡기고 내놓을 때, 성령께서 우리 안으로 들어와 더욱 온전히, 깊게 활동하실 수 있습니다.

우리 영혼의 묵은 때를 그분 사랑의 손길에 내맡기어 그분 안에서 새롭게 되는 여정으로 나아갑시다.

캄보디아, 2021

"보십시오, 하느님!
두루마리에 저에 관하여 기록된 대로
저는 당신의 뜻을 이루러 왔습니다."

히브 10,7

감사
11

저는 겨울 나무를 좋아합니다. 푸른 잎새를 다 떨군 채 나뭇가지만 앙상히 남은 나무들이 안타깝고 비참하게 보이기보다, 거추장스러운 것들을 모두 내려놓고 자기 자신으로 온전히(당당히) 서 있는 느낌이 들어서 그렇습니다. 특히 이 사진은 왜 그런지 참 마음에 듭니다. 부족하고 가진 것이 별로 없지만, 두 손을 하늘로 향하며 가진 것이라곤 자기 자신뿐인 듯 그대로 봉헌하는 자세가 엿보입니다.

감사의 자세는 하느님의 뜻이 이루어지기를 바라는 열리고 비어 있는 마음, 가난하고 겸손한 영혼의 마음인 것 같습니다. 그분 앞에 있는 그대로의 자신으로 머물며 봉헌과 감사의 기도를 드립니다.

스페인, 2020

"이는 너희를 위하여 내어주는 내 몸이다.
너희는 나를 기억하여 이를 행하여라."

루카 22,19

감사
12

오랜만에 반가운 사람을 우연히 마주치듯 기억 속에 간간이 떠오르는 사람들이 있습니다. 그중 한 분은 중학교 시절 주일학교 선생님입니다. 교리 시간이면 선생님에게 귀기울이기보다는 친구들과 떠들고 장난하며 보냈고, 그분께 죄송하지만 그때 배운 교리 내용이 무엇인지 가물가물합니다. 한데 뚜렷하게 기억나는 것이 하나 있습니다. 우리를 향한 그분의 따사로운 마음과 열정입니다. 이름도 얼굴도 잘 기억나지 않지만, 그분의 환대와 우리를 위하는 마음은 아주 선명하게 남아서 돌아보는 지금의 제 마음 자리를 따스하게 데워줍니다.

 감사할 때 마음은 온화해지고 부드러워지며 활짝 열립니다. 과거를 돌아보지만 오묘하게도 미래로 나아가게 합니다. 하느님에게로 나아가는 길 중에서도 감사는 매우 효과적인 지름길입니다.

 감사의 제사인 미사 중에 우리는 예수님을 기억합니다. 제자들

미국, 2014

의 마음에 담겼던 예수님의 사랑을 교회는 이천 년간 이어받아 계속 기억하고 있습니다. 우리를 위하여 자신을 오롯이 내어놓는 그분을 감사의 마음으로 돌아보며 힘을 냅니다.

  따듯했던 순간들, 기억나는 고마운 사람들, 지금의 나를 만든 시간들, 또한 하느님께서 오늘 어떻게 함께해주셨는지 돌아보고 감사드리며 기도합니다.

Ⅱ. 청원

우리의 갈망과 필요에서 하느님 찾기

"눈은 몸의 등불이다.
그러므로 네 눈이 맑으면 온몸도 환하고,
네 눈이 성하지 못하면 온몸도 어두울 것이다."

마태 6,22-23ㄱ

청원 1

스페인 바르셀로나에 있는 성가정 성당. 처음 성당 안으로 들어갔을 때 느꼈던 감동은 이루 말할 수 없이 깊었습니다. 건축가 가우디는 성당 내부를 나뭇가지 사이로 빛이 들어오는 큰 나무들이 서 있는 숲처럼 설계했다고 합니다. 늦은 오후에 비스듬히 들어오는 햇빛에 성당 안이 스테인드글라스의 빛으로 물든 모습은 진정 황홀했습니다. 고딕 양식으로 지어진 성당은 보통 스테인드글라스로 장식되어 있습니다. 스테인드글라스의 아름다움은 밖에서는 볼 수 없습니다. 성당 안에서, 밖에서 들어오는 빛으로 비추었을 때 그 아름다움을 드러냅니다.

  오늘 우리의 눈을 통해서 들어오는 세상과 사람들은 어떠한지요? 빛이신 하느님께서 우리의 마음을 비추어주시길, 그리고 그분의 빛 안에서 우리의 삶을 온전히 볼 수 있길 청합니다.

스페인, 2018

"네 마음을 다하고 네 목숨을 다하고 네 정신을 다하여 주 너의 하느님을 사랑해야 한다."

마태 22,37

청원 2

진심으로 바라는 것을 청할 때 우리는 간절함을 담은 눈빛으로 주님을 바라보며, 두 손을 모으고, 자연스레 무릎을 꿇습니다. 최종 서원을 하는 한 형제에게서, 주님께 온전히 자신을 봉헌하는 사람의 모습을 봅니다. 그분의 사랑과 은총을 체험한 우리는 우리 자신이 거저 받은 선물임을 깨닫습니다. 그리고 우리의 역사 안에 함께하신 그분께 우리 자신을 온전하게 되돌려드리려는 원의로 다시 그분 앞에 무릎을 꿇습니다.

 이 흐름이 바로 그리스도인의 여정이 아닌가 생각해봅니다. 오늘 하루를 하느님으로부터 또 받았습니다. 어떤 마음으로 그분의 사랑과 은총에 응답하고 있는지 돌아보며, 어떤 자세로 그분에게 청하고 있는지 돌아봅니다.

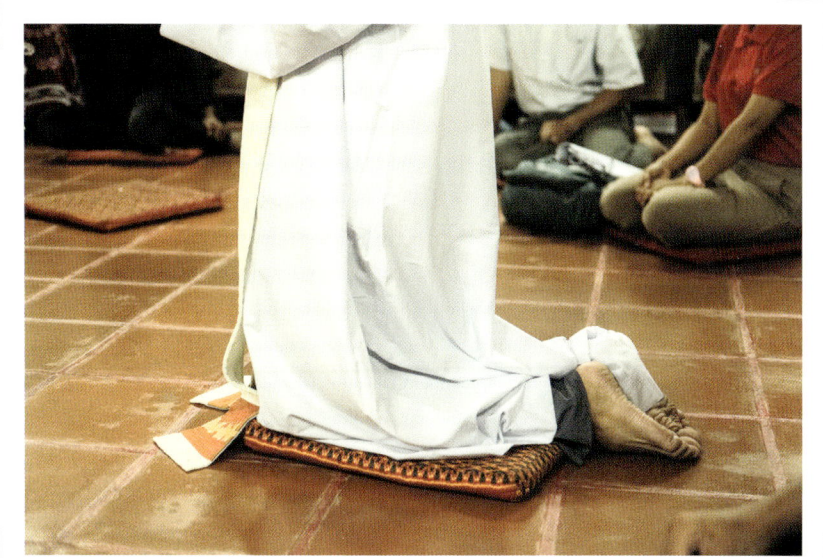

캄보디아, 2021

"주님께서는 마음이 부서진 이들에게 가까이 계시고 넋이 짓밟힌 이들을 구원해주신다."

시편 34,19

청원 3

친구들의 부모님께서 많이 편찮으시다거나 돌아가셨다는 소식이 제법 들려옵니다. 형제나 자매가 많이 아프다는 소식도 종종 듣곤 합니다. 그뿐 아니라 주변 사람들이 경제적으로, 심적으로 지독하게 힘든 시간을 보내는 것을 보거나 듣기도 합니다.

그들에게 현실적으로 해줄 것이 없을 때가 많습니다. 수도자로, 사제로, 기도를 해주겠다는 약속과 실제로 기도를 해주는 게 전부라는 생각도 듭니다. 그래서 더 미안해지기도 합니다. 아무것도 해줄 수 없는 상황과 나의 무능함을 마주할 때, 진정한 구원자이신 예수님께 더욱 의지하게 됩니다. 연민의 하느님께서는 그렇게 마음이 부서지고 넋이 짓밟힌 이들을 내버려두지 않으십니다. 그들 가까이 계시며 구원으로 이끄십니다.

스페인, 2019

"나의 하느님께서는 그리스도 예수님 안에서
영광스럽게 베푸시는 당신의 그 풍요로움으로,
여러분에게 필요한 모든 것을 채워주실 것입니다."

필리 4,19

청원 4

"니가 진짜로 원하는 게 뭐야?"라는 노래 가사가 있습니다. 진정 내 영혼의 깊은 내면에서 갈망하고 갈구하는 것이 무엇입니까? 나를 움직이고 나아가게 하는 힘의 원천은 무엇입니까? 지금 내 삶에서 진실로 필요한 것은 무엇입니까?

    우리는 종종 하느님께 필요한 것을 청하라고 듣습니다. 필요한 것이 무엇인지 잘 알고 있습니까? 하지만 어떤 때는 우리에게 무엇이 필요한지 우리가 모를 때가 있습니다. 괜찮습니다. 그럴 때는 필요한 것이 이미 채워져 있음을 돌아볼 필요가 있습니다. 왜냐하면 사랑의 하느님은 우리에게 참되게 필요한 것을 알고 계시고 흔쾌히 채워주시기 때문입니다.

캄보디아, 2015

"이와 같이, 성령께서도 나약한 우리를 도와주십니다.
우리는 올바른 방식으로 기도할 줄 모르지만,
성령께서 몸소 말로 다 할 수 없이 탄식하시며
우리를 대신하여 간구해주십니다."

로마 8,26

청원 5

마음이 어수선하고 산만하고, 이름 붙일 수 없는 감정들과 정리되지 않는 생각들로 가득하여, 앉아서 기도하기도 쉽지 않을 때가 있습니다. 또 하느님이 멀게 느껴지거나 혹은 느껴지지 않아 찾기도 힘들 때가 있습니다.

그때는 그저 앉아서 우리 안에 계신 성령께 부탁을 드립니다. 우리 안에서 기도하시고, 하느님에게 이끌어주시는 성령을 신뢰하고 내어 맡겨드립니다. 나보다 더 나를 사랑하시고, 나보다 더 나를 잘 아시고, 나보다 나를 위해 더 좋은 것을 해주시는 그분을 신뢰합니다. 살아 계신 성령의 활동에 순종하기에 힘이 들어간 채 주먹 쥔 내 손을 펴고, 걱정으로 구겨진 미간을 펴고, 숨을 깊게 들이쉬며, 나를 사랑하시는 그분의 현존에 머물러봅니다.

캄보디아, 2015

"주님께서 그대에게 복을 내리시고
그대를 지켜주시리라."

민수 6,24

청원 6

    나이가 들면서 하느님의 축복의 중요함을 더 깊게 느낀다는 한 중년 신부님의 말씀이 마음에 오래 남았습니다. 수도회에 막 입회했을 무렵에 들은 말씀이지만 나이가 들수록 저 또한 하느님, 그리고 이웃의 축복의 중요성을 매번 깊이 느끼게 됩니다.
    축복은 사람을 살리며, 생기를 불어넣어 줍니다. 삶의 여정 중에, 특히 힘든 시기를 보낼 때는 하느님의, 그리고 다른 이의 축복이 참 필요합니다. 작은 눈송이가 천천히 쌓여가는 것처럼, 다른 이들을 향한 우리의 축복도 계속해서 쌓여가야 합니다. 하느님께서 우리를 축복해주시길 청합니다. 또한 그 축복이 내 삶에 소복이 쌓여 좋은 열매를 맺길 청합니다.

스페인, 2021

"하늘 아래 모든 것에는 시기가 있고
모든 일에는 때가 있다."

코헬 3,1

청원 7

언젠가 영적 동반 신부님께서 영적 삶을 꽃과 봉오리에 비유해서 말씀하셨습니다. 우리의 영적 여정에서도 꽃이 피려는 듯한 봉오리를 보았을 때, 꽃이 자연스럽게 필 수 있도록 그대로 두라고 이야기하곤 하셨습니다. 꽃을 빨리 피우려고 봉오리를 직접 열거나 너무 손을 대면 오히려 꽃은 죽고 말 거라고요. 꽃이 필 때를 함께 기다리는 마음, 희망과 인내의 마음이 필요하다고 하셨습니다.

  우리가 짜증이 나는 이유 중 하나는, 내가 원하는 것이 원하는 때에, 원하는 방식으로 이루어지지 않기 때문입니다. 내가 원하는 때가 아니라 하느님의 시간표대로 이루어지는, 하느님의 때(카이로스)를 믿으며 내어 맡기는 믿음과 자유를 청합니다.

스페인, 2018

[초록불을 기다리세요 / 버튼을 누르세요]

"믿음과 희망과 사랑,
이 세 가지는 언제까지나 남아 있을 것입니다.
이 중에서 가장 위대한 것은 사랑입니다."

1코린 13,13: 공동번역

청원 8

물질이든 삶에서의 선택이든, 제가 무엇을 선택할 때는 오래 남는 것, 오래 쓸 수 있는 것을 선호했다는 사실을 깨달았습니다. 그런 의미에서, 영원하신 하느님과 그분의 사랑을 선택한 것 같다는 생각도 들었습니다. 소중하기에 더욱 오래 남길 바라고, 오래 남기에 더욱 소중한 것 같습니다.

 장애인 기술학교의 리치 수사님은 한 문제 학생이 던진 수류탄을 온몸으로 막아 학생들을 구하고 희생되셨습니다. 수사님을 추모하는 기념일에, 학생들에 대한 그의 사랑과 헌신이 오랜 시간이 지나도 기억되고 마음을 울리고 있음을 봅니다. 그분 안에서의 믿음, 희망 그리고 특히 사랑이 우리 마음과 삶에 더욱 오래오래 머물고 자랄 수 있도록 은총을 청해봅니다.

캄보디아, 2021

"진정 여러분이 자녀이기 때문에 하느님께서
당신 아드님의 영을 우리 마음 안에 보내주셨습니다.
그 영께서 '아빠! 아버지!' 하고 외치고 계십니다."

갈라 4,6

청원 9

예수님께서는 하느님을 "아빠"라고 불렀던 그 친밀한 사랑의 관계로 우리를 이끌어주십니다. 또한 그 사랑의 관계의 열매인 기쁨과 평화를 우리와 나누고 싶어 하십니다. 우리가 기도할 때, 우리 안의 성령께서 기도를 해주시고 우리가 사랑받는 자녀로서, 하느님을 자비의 아버지로 만날 수 있도록 도와주십니다. 성부와 성자가 나누었던 사랑의 관계에 참여하도록 우리를 이끄십니다. 또한 예수님을 통해서 우리 서로를 형제자매로, 공동체로 이끌어주십니다.

우리 마음 안에 계신 성령을 신뢰하며, 자비의 아버지에게로 그리고 우리를 형제자매로 불러주신 예수님에게로 더욱 가깝게 이끌어주시길 청합니다.

미국, 2014

"너희는 원수를 사랑하여라. 그리고 너희를 박해하는 자들을 위하여 기도하여라."

마태 5,44

청원 10

나를 아프게 하거나 힘들게 하고, 내게 피해를 주는 사람을 사랑한다는 것은 참 힘들고 불가능하다고 느낄 때가 많습니다. 종종 한 사람의 적이 아닌 한 민족이나 나라의 적, 혹은 많은 사람의 적 — 예를 들면, 히틀러 — 을 위해서 진심으로 기도할 수 있을까 질문해봅니다. 진정 모든 이를 구원하시고자 하시는 하느님과 그분의 자비를 믿으며, 그 영혼의 구원을 위해서 기도할 수 있을까? 저 영혼이 구원받길 원하는가? 하는 질문이 따라옵니다.

적대자를 위해서 기도할 수 있으려면, 죄인들과 함께하시고 아픈 이들과 함께하셨던 예수님의 마음을 배워야 할 것 같습니다. 나 또한 한 사람으로서 죄인이고 아프며 예수님이 필요한 존재라는 사실을 겸손하게 받아들이고, 우리의 적대자 역시 같은 인간이라는 사실을 받아들이도록 초대받고 있지는 않은지 생각해봅니다. 누가 우월한지 열등한지, 누가 옳고 그른지 견주기보다 동등한 사람으로서 이 삶의 여정을 걷고 있고, 하느님의 크나큰 자비 안에서 살아가고 있음을 상기하며 우리의 적을 위해서 기도합니다.

미국, 2014

"나는 너희에게 평화를 남기고 간다.
내 평화를 너희에게 준다.
내가 주는 평화는 세상이 주는 평화와 같지 않다."

요한 14,27

청원 11

"너희에게 평화를 두고 가며 내 평화를 주노라." 미사 중에 우리는 서로 "주님의 평화"를 나눕니다. 세상이 주는 평화, 혹은 나만의 평화가 아니라 주님, 예수님께서 주시는 평화를 그분에게서 받고 서로 나눕니다. 예수님의 평화는 하느님 아버지에 대한 온전한 신뢰에서 나오는 것이 아닐까 생각합니다. 모든 것의 창조자이시고 예수님을 통해서 우리를 사랑스러운 자녀로 불러주시는 하느님 아버지에 대한 신뢰. 십자가의 수난과 죽음 너머로, 부활로 이끌어주신 하느님에 대한 깊은 신뢰.

오늘 하루도 그분의 평화를 청하며, 또한 하느님에 대한 더 깊은 신뢰와 그리움을 청합니다.

스페인, 2020

"주님을 신뢰하고 그의 신뢰를 주님께 두는 이는
복되다. 그는 물가에 심긴 나무와 같아 제 뿌리를
시냇가에 뻗어 무더위가 닥쳐와도 두려움 없이 그 잎이
푸르고 가문 해에도 걱정 없이 줄곧 열매를 맺는다."

예레 17,7-8

청원 12

   참 세상이 빠르게 돌아간다는 생각이 듭니다. 기술의 발전으로 많은 것을 정확하면서도 신속하게 처리할 수 있습니다. 처음 세탁기가 실용화되었을 때, 손빨래하던 시간을 이제는 가족들과 보낼 수 있다며 광고했다고 합니다. 더욱 편리해진 세상에서 기계와 기술을 통해 시간이 절약되었지만, 아쉽게도 그 시간을 더 일하는 데 쓰는 느낌이 듭니다. 그렇게 빠르게 돌아가는 흐름은 빠른 결과를 찾고자 합니다. 결과에 대한 평가 또한 빠릅니다.
   자연에서는 결과가 아닌 열매를 봅니다. 열매를 맺기 위해서는 어느 단계 하나도 빠질 수 없고 모든 과정을 오롯이 거쳐야 합니다. 하느님과의 관계 또한 그렇습니다. 빠르게 결과를 내기보다 하느님의 시간표에 따라 열매를 맺어야 합니다. 그분의 계획과 이끄심을 신뢰하고 내어 맡기며 걸어갈 때, 깊이 뿌리를 내린 나무에서 좋은 열매를 맺을 것입니다.

캄보디아, 2021

Ⅲ. 성찰

우리의 어두움과 약함에서 하느님 찾기

"고생하며 무거운 짐을 진 너희는 모두 나에게 오너라.
내가 너희에게 안식을 주겠다.
나는 마음이 온유하고 겸손하니 내 멍에를 메고
나에게 배워라. 그러면 너희가 안식을 얻을 것이다.
정녕 내 멍에는 편하고 내 짐은 가볍다."

마태 11,28-30

성찰 1

해결책을 찾기 힘든 어려운 상황에 있는 이에게 고통을 받아들이고 인내하라는 말이 무책임하게 느껴졌던 때가 있었습니다. 특히 십자가를 권하는 것이.

하지만 예수님이 하느님 사랑의 문이듯 십자가는 영원한 생명으로의 문이라는 사실은 분명합니다. 고통 너머로 나아가는 구원의 문, 성장의 문, 그리고 치유와 해방으로의 문입니다. 나 스스로가 만들어내는 고통보다 예수님의 십자가가 더 가볍고, 무엇보다 그 십자가는 새로운 생명으로 나아갑니다.

우리가 만든 삶의 무거운 짐은 무엇입니까? 반면, 예수님께서 초대하시는 십자가는 어떻게 다가옵니까?

캄보디아, 2015

"그리스도만이 모든 것이며 모든 것 안에 계십니다."

콜로 3,11

성찰 2

마드리드의 엘 라스트로에서는 일요일마다 시장이 열리는데, 많은 중고품이 나옵니다. 정말 잡다한 물건들 사이로 성화와 성상, 십자가도 간간이 보입니다.

　우리의 번잡한 일상 속에서도 하느님께서 슬그머니 고개를 드러내실 때가 있습니다. 잘 보고 있지 않으면, 깨어 있지 않으면 보기 힘듭니다. 때론 한 사람의 미소에서, 한 사람의 친절한 손길에서, 가슴속에 차오르는 기쁨과 희망에서, 푸른 하늘과 흰 구름, 푸르른 산길, 길에 난 작은 꽃에서…. 일상에 숨어 계신 하느님, 예수님 찾기.

　오늘은 어디서 그분의 손길을 찾을 수 있었습니까?

스페인, 2019

"하늘 나라는 겨자씨와 같다.
어떤 사람이 그것을 가져다가 자기 밭에 뿌렸다.
겨자씨는 어떤 씨앗보다도 작지만,
자라면 어떤 풀보다도 커져 나무가 되고 하늘의 새들이
와서 그 가지에 깃들인다."

마태 13,31-32

성찰 3

하비에르 성인의 옛 성을 방문했을 때, 그분이 세례 받았던 가족 경당의 세례대를 보고 깊은 위안을 받았습니다. 한 아기에게 베풀어진 세례를 통해 신앙의 씨앗이 심어졌고, 훗날 이 아기는 성장하여 아시아 선교를 통해 다시 많은 이에게 신앙의 씨앗을 심었지요.

신앙의 씨앗이 퍼져간 역사에 젖어 들다 보니 저절로, 나의 신앙의 여정을 돌아보게 됩니다. 누구의 도움으로 신앙의 씨앗이 나에게 심어졌는지, 삶의 여정 안에서 어떻게 뿌리 내리고 어떤 열매를 맺었는지, 또한 다른 이들에게 어떤 씨앗을 전해주고 있는지…

나의 신앙은 어떻게 시작되었습니까? 신앙의 여정에 함께해준 이는 누구였습니까? 신앙의 열매를 어떻게 나누고 있습니까?

스페인, 2018

"여인이 제 젖먹이를 잊을 수 있느냐?
제 몸에서 난 아기를 가엾이 여기지 않을 수 있느냐?
설령 여인들은 잊는다 하더라도 나는 너를 잊지 않는다."

이사 49,15

성찰 4

쌍둥이 조카가 태어난 지 2주 만에 캄보디아로 가게 되었고, 그 이후로 2-3년 만에 한 번 볼까 말까 합니다. 볼 때마다 부쩍 커버린 조카들 모습에 더 많은 시간을 함께하며 그들이 커가는 모습을 보지 못하는 아쉬움이 큽니다. 그럴 때면 저도 모르게 마음 안에 깊은 사랑이 샘솟는 것을 느낍니다. 그렇게 끝없이 넘쳐나는 사랑을 느껴본 적은 참 드뭅니다. 이처럼 제 안에서 사랑을 일으키는 존재가 있다는 사실에 하느님께 감사드리고, 그런 사랑을 부족하나마 함께 나누고자 합니다.

코로나19로 인한 교육 문제, 기후 위기, 소셜 미디어의 악영향, 사회 변화, 정치·이념 양극화 등의 뉴스를 접하고 이야기할 때, 문제의 심각성을 머리로는 알지만 정작 마음이 동하거나 실제로 응답하지 않을 때가 많습니다. 하지만 조카들에 대한 사랑이 마음에 일었을 때 이들을 기억하며 그런 뉴스와 소식들을 접하면,

스페인, 2018

무엇인가를 하지 않으면 안 되겠다는 절박함과 급박함이 매우 크게 다가옵니다.

  예수회 총장이었던 아루페 신부님은 "사랑에 빠지십시오, 그러면 삶의 모든 것이 변화할 것입니다"라고 말씀하셨습니다. 진정 사랑이야말로, 구체적인 대상이 있는 사랑이야말로 우리를 온전히 움직이게 합니다. 오늘 나를 움직이는 사랑은 무엇인가요?

"그러면 너희는 나를 누구라고 하느냐?"

마태 16,15

성찰 5 | 캄보디아에서 작은 마을의 신자들 집을 방문하면, 일상의 자리에 놓여 있는 성화, 성물, 묵주에서 오묘한 느낌을 받습니다. 특히, 특별한 자리가 아니라 그들 일상의 이곳저곳에서 함께하는 성물들이 그들 삶의 한 자리에서 기억되는 모습에서 위안을 받습니다.

우리는 하느님, 예수님, 성모님, 그리고 많은 성인을 교리를 통해 머리로는 알고 있습니다. 하지만 개인적으로 특별하게, 내 마음에 가깝게 다가오는 분이 있습니까? 가깝게 다가오는 그분을 나는 어떻게 부르고 있습니까? 아직 명칭이 없다면 어떻게 부르고 싶습니까?

캄보디아, 2017

"우리가 피리를 불어주어도 너희는 춤추지 않고
우리가 곡을 하여도 너희는 가슴을 치지 않았다."

마태 11,17

성찰 6

길을 가다가 어디선가 들려온 색소폰 소리, 그리고 함께 들려온 개의 울음소리가 좀 색달랐습니다. 소리의 진원지에 다다라 보니 한 아저씨와 개 한 마리가 함께 호흡을 맞추어 연주하고 있었습니다. 서로 하나 되어 연주하는 모습이 놀랍고 아름다웠습니다.

서로 마음이 맞기를 바랄 때, 내가 상대편에게 원하고 기대하는 것이 있기 마련입니다. 서로의 바람과 뜻을 존중하고 함께하기 위해서는, 내 자리에서 조금 나아가 상대방에게 장단을 맞춰줄 수 있는 희생과 비움의 자세가 필요합니다.

혹시 내 자리를 지키면서 다른 이가 나에게 맞추어 변하길 바라지는 않습니까?

스페인, 2018

"시몬이 '스승님, 저희가 밤새도록 애썼지만 한 마리도 잡지 못하였습니다. 그러나 스승님의 말씀대로 제가 그물을 내리겠습니다' 하고 대답하였다."

루카 5,5

성찰 7

이제 아흔 중반이 되신 외할머니는 몇 년 전까지도 매일매일 새벽부터 텃밭을 성실히 가꾸셨습니다. 한 해는 콩이 잘 되길래 오랜만에 연락 온 당신 언니 자식들에게 가을에 보내주리라고 약속을 하셨는데, 곧 폭풍이 와서 콩들이 모두 땅에 넙죽 누워버렸답니다. 다시 세우는 노고 뒤에도 별로 수확을 내지 못했기에 할머니는 너무 속상하다고 하셨습니다. 자연 앞에서, 특히 사람의 통제를 뛰어넘는 재해 앞에서, 우리는 종종 무능력함과 대면하게 됩니다. 자연 앞에 선 농부는 인간의 노력과 자연의 질서가 이루는 조화 앞에 겸허한 마음을 갖습니다.

　영적 여정도 하느님의 은총과 우리의 응답이 이루는 조화 안에서 나아갑니다. 더는 어쩔 수 없다고, 아무것도 할 수 없다며 나 자신을 무능력하다고 느낄 때 그분을 신뢰하며 내어 맡기는 겸손은 우리가 생각하는 것 이상의 열매를 맺게 해줍니다. 오늘 내가 겸손되이 하느님을 더욱 신뢰하며 맡겨야 할 일은 무엇입니까?

대한민국, 2014

"예수님께서 그들에게 '와서 보아라' 하시니,
그들이 함께 가 예수님께서 묵으시는 곳을 보고
그날 그분과 함께 묵었다. 때는 오후 네 시쯤이었다."

요한 1,29

성찰 8

읽을 때마다 놀랍습니다. 세례자 요한의 두 제자는 예수님과 처음 함께했던 때의 시각까지 기억했습니다. 그리고 그 경험은 거의 100여 년 후에 기록되었을 텐데, 그때까지도 그것을 잊지 않았다는 사실에 더 놀랍니다.

  수술 후 입원해 있었을 때, 바쁜 와중에도 병문안을 와서 머물고 간 형제의 빈자리에서 따스한 정과 사랑이 오래 느껴졌습니다. 저는 함께한 사람이 떠나고 남은 자리를 사진으로 남기는 것을 좋아합니다. 그 사람과 만남의 여운을 기억하기 위해서.

  오늘, 누군가와의 만남 이후에 어떤 여운이 남았습니까?

대한민국, 2009

"너희가 내 형제들인 이 가장 작은 이들 가운데
한 사람에게 해준 것이 바로 나에게 해준 것이다."

마태 25,40

성찰 9

이제는 세계 많은 곳에 자리 잡은 '노숙자 예수님' 동상은 티머시 슈말츠의 작품입니다.† 이 동상은 마드리드 주교좌 성당의 한 벤치에도 자리 잡고 있습니다. 사진을 찍으려니 마침 예수님 옆으로 한 여성이 와서 앉아 스마트폰을 보고 있습니다. 옆의 동상이 무엇인지 아는지 모르는지 얼마 후에 일어나 동상을 보지도 않고 가버립니다.

그 순간, 가난한 이들 안에 함께하시는 예수님이 마치 없는 듯 무시당하는 느낌이 들었습니다. 우리 주변의 가난한 이들에게서 예수님의 얼굴을 볼 수 있습니까? 우리는 자신의 삶과 주변 사람들 이외에, 그 바깥으로는 시선을 두지 못하고 있진 않습니까?

† 한국은 서소문 역사공원에 있습니다.

스페인, 2017

"진리가 너희를 자유롭게 할 것이다."

요한 8,32

성찰 10

우리 자신을 온전히 대면할 때, 우리는 진정한 자유를 맛볼 수 있습니다. 우리의 거짓, 자기합리화, 가면들, 변명들, 우리가 가리고 숨기려는 전부를 포용하시는 하느님의 사랑과 용서를 체험할 수 있을 것입니다. 우리의 두려움과 불안, 절망과 슬픔 너머에서 어두운 공간을 밝히는 작은 촛불처럼 우리에게 빛을 비추시는 주님을 경험할 수 있을 것입니다.

　진정, 우리를 자유롭게 하는 진리는 하느님께서 우리를 아주 많이 사랑하신다는 사실입니다. 하느님의 사랑을 신뢰하며, 나 자신을 대면하고, 진정한 내가 되어 하느님 앞에 앉아 기도해봅니다.

캄보디아, 2021

"너는 내가 사랑하는 아들, 내 마음에 드는 아들이다."

루카 3,22

성찰 11

    예수회에 입회하고 수련을 받을 때, 저 자신의 어두움을 대면하도록 초대받은 시간이 있었습니다. 제 어두움을 대면하고 아는 것까지는 그래도 쉬웠지만, 그 어두움을, 약함을, 상처를 받아들이기는 매우 힘들었습니다.

    흐리고 비가 부슬부슬 내리는 날씨 속에 피정을 하고 있었습니다. 며칠 내린 비로 길은 진흙탕이 되었지만, 산책을 좋아하기에 나와 걸었습니다. 비를 맞으며 맞은편 산세를 보고 있노라니 이런 생각이 문득 올라왔습니다.

    "구름이 끼고 비가 온다고 해서 하늘이, 하늘이 아닌 것이 아니고, 보이지 않는 해는 없는 것이 아니라, 여전히 저 구름과 비 너머에 있다. 비가 고여 지저분해 보이는 흙탕물과 진흙탕이 된 땅도, 여전히 땅이고 산길이다. 좋은 산길이다."

    불안한 현실과 숱한 도전 속에서도 실패와 슬픔 속에 몸부림치

스페인, 2021

고 있는 순간에도 하느님의 사랑스러운 자녀라는 사실은 변하지 않습니다. 하느님은, 하느님의 사랑은 보이지 않고 없는 듯 느껴져도 변함없이 우리와 함께하고 있습니다. 오늘 나는 어떤 것들 때문에 내가 하느님의 사랑스러운 자녀임을 잊고 지냈습니까?

"너희는 어찌하여 양식도 못 되는 것에 돈을 쓰고 배불리지도 못하는 것에 수고를 들이느냐?"

이사 55,2ㄱ

성찰 12

우리가 살고 있는 세상은 우리를 가만히 두지 않습니다. 스마트폰이나 인터넷에서만이 아니라, 상점 간판과 광고판이 지금 당장 우리의 시간과 돈을 소비하라고 유혹합니다. 우리의 시선과 관심을 끌고 잡아두려는 노력은 비단 소셜 미디어만의 것은 아닌 듯합니다. 그 모두가 소비로 연결되어 있습니다. 주말을 잘 쉬는 것도 어떻게 잘 소비하느냐로 대치됩니다.

우리의 쉼은 시간 안에서 생명이 다시 자연스레 힘을 얻게 되는 재충전의 흐름으로 나아가야 합니다. 그리스도인에게 재충전의 자리는 하느님입니다. 기도는 그분 안에서 새롭게 나아갈 힘을 얻고 방향감을 되찾는 시간입니다.

나는 오늘 어디서 소비를 했고 재충전했나요?

대한민국, 2021

Ⅳ. 새로남

우리 너머에서 하느님 찾기

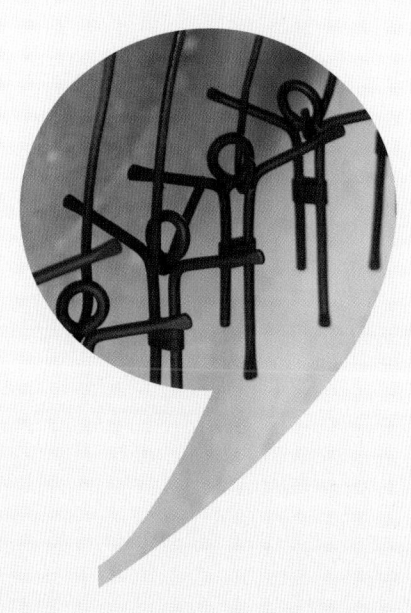

> "그래서 누구든지 그리스도 안에 있으면
> 그는 새로운 피조물입니다. 옛것은 지나갔습니다.
> 보십시오, 새것이 되었습니다."
>
> 2코린 5,17

새로남 1

캄보디아의 설† 셋째 날에는 사람들이 절과 집에 모신 부처님상을 물로 씻고, 이어서 가족의 웃어른부터 씻겨드립니다. 지난해의 찌꺼기와 나쁜 것을 씻어내어 새해를 준비하는 것이지요. 그래서 본당에서도 설 미사가 끝난 후에 나이 드신 분들부터 그분들의 발과 머리를 물로 씻겨드립니다. 그리고 서로서로 씻어주면서 새해를 맞이합니다.

예로부터 여러 문화권과 종교 의식에서 물로 씻음은 옛것을 버리고 새롭게 됨을 상징합니다. 세례도 같은 의미를 담고 있지요. 그리스도 안에서 새로 나는 삶.

죄에서 벗어나 하느님께 새롭게 되고자 청하며, 앞으로 나아가는 발걸음을 축복해주시길 청해봅니다. 현재 나의 삶에서 주님 안에서 새롭게 나고 싶은 것은 무엇입니까?

---

† 쫄치남트마이: 직역하면 '새해에 들어가다'라는 뜻입니다.

캄보디아, 2015

"서로 너그럽고 자비롭게 대하고,
하느님께서 그리스도 안에서 여러분을 용서하신 것처럼
여러분도 서로 용서하십시오."

에페 4,32

새로남 2

4개국 청년들이 함께한 마지막 날, 서로의 어깨에 두 손을 얹고 서로를 용서하며 또한 축복하는 참회의 시간을 가졌습니다. 다른 문화와 각기 다른 삶의 방식, 개인 성향들로 인해 갈등을 겪고 때론 상처를 주고받았기에 이 시간은 마음에 깊은 울림을 주며, 서로에게 다가갈 수 있는 계기가 되었습니다.

  우리는 죄에 대해 용서를 청하고 용서를 받음으로써 하느님의 자비를 더욱 깊게 체험합니다. 그리고 그 용서의 체험은 다른 이들을 더욱 자비롭게 대하며 그들의 잘못과 실수를 용서할 수 있게 도와줍니다.

캄보디아, 2007

"그분께서는 우리의 죄를 당신의 몸에 친히 지시고 십자 나무에 달리시어, 죄에서는 죽은 우리가 의로움을 위하여 살게 해주셨습니다. 그분의 상처로 여러분은 병이 나았습니다."

1베드로 2,24

새로남 3

우리는 완벽하지 않습니다. 그러기에 서로에게 상처를 주고, 관계가 깨지고, 서먹해지고, 멀어지기도 하지요. 사소한 말, 행동, 심지어 눈빛만으로도 누군가를 아프게 할 수 있습니다.

 용서를 청하고 용서해주는 마음이 필요합니다. 새로 나기 위해서 말입니다. 흉터가 남을 수도 있지만 괜찮습니다. 예수님 오상 안에 담긴 부활, 그리고 그 부활을 통한 구원처럼, 용서를 통해 우리는 새로 날 수 있습니다.

스페인, 2020

"예전의 일들을 기억하지 말고 옛날의 일들을
생각하지 마라. 보라, 내가 새 일을 하려 한다.
이미 드러나고 있는데 너희는 그것을 알지 못하느냐?
정녕 나는 광야에 길을 내고 사막에 강을 내리라."

이사 43,18-19

새로남 4

서품을 받고 첫 소임으로 받은 보좌신부 임기를 마무리할 때쯤, 기운이 완전히 소진되었습니다. 지독하게 지친 몸과 마음을 이끌고 피정을 갔습니다. 주님 안에서 머물며 쉬고 싶은 간절한 마음과는 달리, 내 존재 깊게 자리 잡은 피로와 침잠하지 못하는 마음을 어떻게 가누어야 할지, 어디서부터 기도를 시작해야 할지도 몰랐습니다.

그래서 산책을 자주 했습니다. 제가 아무것도 할 수 없음을 고백하며. 그분께 이런 제 상태를 내어 맡기며, 저와 함께해주시고 이끌어주시길 기도했습니다. 언제나 준비된 자비와 용서로 우리 앞에 새로운 길을 만드시는 하느님, 우리를 완전히 새로 나게 하실 분은 오직 당신뿐이십니다.

미국, 2014

"언제나 기뻐하십시오. 끊임없이 기도하십시오.
모든 일에 감사하십시오.
이것이 그리스도 예수님 안에서 살아가는 여러분에게
바라시는 하느님의 뜻입니다."

1테살 5,16-18; 참조 5,12-24

새로남 5

착잡하고 번잡한 마음, 무겁고 다시 일어나기 힘든 마음으로 영적 지도 신부님을 만나서 고해성사를 본 적이 있습니다. 그때 보속으로 받은 이 성경 구절은 간간이 적절한 시기에 떠올라 힘이 됩니다.

'새로남'은, 새로 나려는 우리의 의지에 그분의 용서와 은총이 더해짐으로써 이루어집니다. 지금 내 마음과 삶을 무겁게 하는 죄 또는 그 무엇이 있다면, 고해성사를 통해서 하느님의 자비로 새로 나는 것은 어떻습니까?

캄보디아, 2017

"정녕 천 년도 당신 눈에는 지나간 어제 같고
야경의 한때와도 같습니다."

시편 90,4

새
로
남
6

스페인 북부 바스크 지역 해변에는 지각변동으로 우리 발밑의 지층들이 하늘을 향해 올라온 곳이 있습니다. 1억 년 전부터 쌓여온 지층들이 그 역사를 오롯이 드러냅니다. 현 인류의 역사를 1만 년 전부터 찾을 수 있다고 하니, 모습을 드러낸 지층에 담긴 긴 역사 앞에서 하루라는 시간이 너무나도 작게 느껴집니다.

  시간은 계속 흐르고 역사는 쌓여갑니다. 지금 우리의 삶도 하루하루 쌓여가고 있습니다. 오늘의 지층은 어떤 색을 띨는지, 누군가와 함께 쌓이는 추억일는지, 어떤 기억들이 오래 남는 화석으로 담길는지요? 하느님께서 우리에게 허락하신 그 넓은 시간 안에서 작지만 아름답게 쌓여가는 우리의 역사는 진정 구원의 역사일 것입니다.

스페인, 2019

"주님께 바라는 이들은 새 힘을 얻고
독수리처럼 날개 치며 올라간다.
그들은 뛰어도 지칠 줄 모르고
걸어도 피곤한 줄 모른다."

이사 40,31

새로남 7

캄보디아에 머물 당시 공동체 뒤편으로 종종 산책을 나갔습니다. 산책길은 아직 닦이지 않은 흙길로, 비가 오고 차들이 지나가면 엉망이 되곤 했습니다. 하루는 한 어린 친구가 비닐봉지로 만든 연을 날리고 있었습니다. 늦은 오후 더위를 떠미는 선선한 바람에 날리는 연은 그 친구의 웃음소리와 함께, 제 마음마저 가볍게 하늘로 들어 올렸습니다.

    우리가 주님을 믿고 희망하며 그분 안에서 걸으면 전과는 다른 새로운 삶이 열릴 것입니다. 번잡하고 무거운 마음과 상황에 상관없이 현실 안에서 즐겁게, 시원한 바람 속에 연을 날리듯, 이 순간 그분의 손 잡고 영원을 바라봅니다.

캄보디아, 2014

"보이는 것을 희망하는 것은 희망이 아닙니다.
보이는 것을 누가 희망합니까?
우리는 보이지 않는 것을 희망하기에
인내심을 가지고 기다립니다."

로마 8,24-25; 참조 8,24-30

새로남 8

톤네삽의 수상 마을에는 가난한 사람들이 다양한 이유로 배에 집을 짓고 삽니다. 그 마을에는 작은 성당이 있습니다. 배를 타고 들어간 성당에서 미사를 마칠 무렵, 하늘이 뚫린 듯 엄청난 소나기가 쏟아졌습니다. 미사가 끝난 후에도 한동안 발이 묶인 우리는, 늦게야 배를 타고 육지로 향할 수 있었습니다. 그렇게 돌아오는 길에 뜻밖의 선물을 받았습니다.

말로 표현할 수 없는 빛으로 호수와 그 위의 집들, 배들, 그리고 그곳에 사는 사람들을 감싸듯 물들인 노을이었습니다. 함께 육지로 따라 나온 친구는 조용히 하늘을 보고, 그 하늘을 가로지르는 바람을 즐깁니다.

소나기가 멎길 기다리는 것처럼, 우리에겐 어쩔 수 없이 기다려야 하는 시간이 있습니다. 또한 기다림 후에 뜻하지 않게 받는 선물도 있습니다. 보이지 않는 것을 희망하는 우리의 신앙은 선물

캄보디아, 2015

입니다. 그 선물을 바탕으로, 우리는 우리의 삶을 어떤 희망을 안고 바라보고 있습니까? 무엇을 기다리며, 어떻게 기다리고 있습니까?

"여러분은 그리스도의 몸이고
한 사람 한 사람이 그 지체입니다."

1코린 12,27

새로남 9

캄보디아에서 예수회 미션을 상징하는 이미지 중 하나는 한 발을 잃은 예수님입니다. 슬픔과 고통으로 얼룩진 캄보디아 현대사에서 예수님은 어떻게 함께하실까라는 질문 가운데 찾은 모습입니다. 내전으로 인해 수많은 사람이 지뢰로 발과 다리를 잃은 까닭입니다.

예수님이 그들과 함께하시며 치유와 평화로 이끄실 뿐만 아니라, 그들과 같은 모습으로, 장애를 안은 모습으로 함께하신다는 믿음에서 나온 이미지입니다. 그리고 이 십자가를 그리스도의 몸이라고 생각한다면 비어 있는 한쪽 발을 우리가 함께 채워가자고, 그리스도의 몸의 완성을 향해 나아가자고 초대합니다.

우리는 그리스도 안에서 한 몸입니다. 나는 어떤 부분으로 나의 삶을 나누도록 초대받고 있습니까?

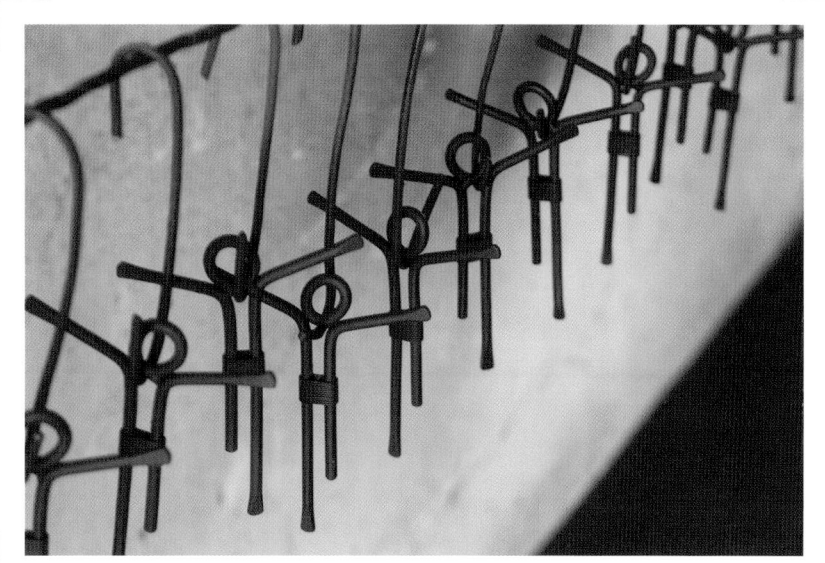

캄보디아, 2005

"그의 어머니는 이 모든 일을 마음속에 간직하였다."

루카 2,51

새로남 10

살다 보면, 황당한 일을 겪기도 하고 이해할 수 없는 일을 겪기도 합니다. 또 어떤 경험들은 당시에는 알 수 없지만, 시간이 지나서야 그 의미가 깊이 있게 이해되기도 합니다. 우리말에는 '철이 든다'는 표현이 있습니다. 부모와 자녀 관계로 생각해보면 자녀도 부모가 될 때 비로소 자신의 부모를 이해하고 부모에게 받은 사랑의 소중함을 인식하게 된다는 말인 것 같습니다.

성모님은 예수님을 잉태하는 순간부터 아드님의 십자가상 죽음에 이르기까지 이해하지 못할 여러 일을 경험합니다. 성경에서 종종 성모님은 왜 이런 일이 일어났는지 따지기보다는 어떤 사건이 어떻게 일어났는지를, 어떤 대화와 말이 오가는지를 마음에 담아두는 자세를 보여줍니다. 하느님께서 모든 것 안에서 활동하시며 이끌어주신다는 믿음으로 아직은 모르지만 언젠가는 깨닫게 될 것이라는 인내와 겸손으로 일상을 살아갑니다.

싱가포르, 2017

성모님의 전구로 아직 이해하지 못한 하느님의 뜻을 마음에 담고, 신앙 안에서 하루하루를 살아갈 수 있도록 청합니다.

"하느님과 화해하십시오."

2코린 5,20

새로남 11

예수회 입회식 때, 외국에 계신 부모님은 함께하지 못하셨습니다. 대신 동생이 참석해서 입회자들 부모님의 소감 발표 시간에 한마디를 했습니다. "오빠에 대한 하느님의 짝사랑이 이제 응답을 받은 것 같습니다." 지금까지 제 마음에 남는 말입니다.

항상 느끼지만, 진정 하느님만치 우리를 집중하여 바라보며 사랑해주는 분은 없을 것입니다. 우리가 어떤 상태나 상황에 있든지, 그 사랑하시는 마음은 변치 않습니다.

두 사람이 사랑을 하면 더 사랑하는 사람의 가슴이 더 아프다고 합니다. 두 사람의 사랑의 양이 항상 똑같기는 어렵기 때문입니다. 그렇게 예수님의 성심 또한 이해해봅니다. 그 사랑의 마음을 보고, 사랑하기에 아파하는 마음을 보고 돌아옵니다. 하느님과 화해하십시오.

캄보디아, 2014

"예전의 일들을 기억하지 말고 옛날의 일들을
생각하지 마라. 보라, 내가 새 일을 하려 한다.
이미 드러나고 있는데 너희는 그것을 알지 못하느냐?
정녕 나는 광야에 길을 내고 사막에 강을 내리라."

이사 43,18-19

새로남 12

하느님 안에서 새로 난다는 것은, 우리를 무겁게 잡아 끌어내리는 과거의 죄와 아픔들을 용서받고 치유받아 새로운 삶으로 초대받는 것을 말합니다. 죽음을 넘어서 부활하는 체험이기도 합니다. 하느님께서는 우리가 그렇게 자유로워지길 바라십니다. 당신 안에서 새로운 삶으로 나아가길 바라십니다. 진정 우리를 새롭게 만드시고자 합니다.

때로는 우리가 과거에 매여서 그러한 하느님의 보이지 않는 손길, 손을 내밀어 잡지 못하기도 합니다. 하느님께서 하시고자 하더라도, 우리의 협력 또한 필요합니다. 자, 그분을 신뢰하며 그분의 손을 잡고 새로운 삶으로의 문턱을 넘어가봅시다.

스페인, 2019

제 2 부

,

걷기

산티아고 가는 길

Camino de Santiago

카미노를 걸을 때 끝까지 함께해준 것이 있습니다. 바로 노란색 조개 혹은 화살표 길잡이입니다. 파란색 배경에 노란색 조개로 만들어진 공식적인 길잡이 외에도, 누구의 손길인지 알 수 없지만 이곳저곳에 그려진 노란색 화살표가 길벗이 되어주었습니다. 사실, 벗이라기보다는 길 안내자가 되어주었지요. 산티아고 데 콤포스텔라로 향하는 길을 꾸준하게 안내해주었으니까요. 길이 갈라지는 곳에서는 언제나 제가 가야 할 방향을 가리켜주었습니다. 몇 번은 너무 깊이 생각에 잠겨서, 혹은 길벗과 진지한 이야기를 나누다가 그 표시를 보지 못하고 지날 때도 있었습니다. 또 어떤 때는 키가 큰 수풀 사이로 표시가 숨어버려서 보이지 않을 때도 있었지요.

이 공식적인 조개 길잡이 외에도 앞서간 사람들의 손길이 느껴지는 흔적들도 있었습니다. 작은 돌, 나뭇가지, 꽃으로 소박하게 꾸며진 화살표를 발견할 때면, 이 길 위에 나 혼자만이 아니라는 것을, 우리가 함께 있으며, 함께 걷고 있음을 실감하곤 했습니다. 마치 이 길을 걷는 것이 '의미' 있고 '소중한' 시간이라고 격려하며 응원해주는 것만 같았습니다.

우리 삶에서도 그러한 길잡이가 있지 않을까 생각합니다. 하느님께서 우리 마음을 움직이시어 깨닫게 해주시는 삶의 길잡이. 당신께로 오도록 이끌어주시는 신비로운 손길. 우리가 일상에서 만나고 헤어지는 사람들과 다양한 환경, 상황들에서도 보이고, 들리고, 느껴지는 그런 길잡이가 있습니다.

때론 바쁜 삶의 흐름 속에 놓치기도 하고, 자신의 삶과 생각에 매몰되어서 주변을 잘 못 볼 때도 있습니다. 삶의 여러 상황들에 파묻혀 그 길잡이가 숨어버리는 경우도 있고요.

지금 내딛는 한 걸음 한 걸음에도 깨어 있어야 합니다. 하느님에 대한 섬세한 감각이 살아 있을 때, 우리 삶 깊은 곳에 함께하시는 그분의 손길을 느낄 수 있습니다. 그것을 신뢰하며 나아갈 때, 우리의 발걸음은 그분께로 나아가는 여정이 됩니다.

그리고 이 길은 혼자 가는 여정이 아니라는 사실을 잊지 말아야 합니다. 우리는 함께 걷는 이들과 여러 방법으로 서로 응원하고, 이 길의 의미와 소중함을 나누며, 일깨워줄 수 있습니다. 무엇보다, 다음 세대도 우리 뒤를 이어 이 길을 걸어나갈 수 있도록 돕는 것이 지금 걷는 우리들의 몫이 아닌가 생각합니다.

우리가 걷는 길이 훗날 이 길을 걷는 이들에게 어떤 의미가 되고 어떤 영향을 미칠지 의식하며, 우리가 가진 것을 나누되 뒤따르는 이들이 새로운 세상에서 열린 마음으로 나아갈 수 있도록 말이지요.

그렇기에 신앙은 좋은 유산이고 선물이라고 생각합니다. 카미노도 결국 하느님 안에서 떠나는 순례이며, 그 길을 걷는 이들이 나누는 신앙의 길이 아닌가 생각해봅니다.

,

스페인에서 연학 중일 때, 예전부터 마음에 품고 있던 카미노 데 산티아고를 걷고 싶었습니다. 하지만 한 달이나 시간을 내기가 무리였기에 2주 만에 완주할 수 있는 프리미티보 순례길camino primitivo을 선택했습니다. 다른 곳보다 관광지화가 되지 않았고, 잘 알려지지 않았기에 순례자도 적어서 특별한 지향을 담아 걷고자 하는 저에게 딱 맞는 길이라고 생각했습니다. 하지만 산을 걸어야 하고, 알베르게(여행자 숙소)도 별로 없어서 하루하루 여정을 잘 계산하고 계획해야 한다는 단점이 있었습니다.

 여정의 중반, 하루는 산을 포함해서 상당한 거리를 걸어야 했습니다. 그 전날 세찬 비가 내렸고, 일기예보도 그다지 좋지 않아서 아침에 일어나봐야 걸을 수 있을지를 알 수 있는 상황이었습니다.
 어느새 길벗이 된 그룹의 많은 사람이 아침에 좋은 소식이 있길 바라는 마음을 나누며 잠을 청했습니다.

다음 날 이른 아침, 사람들의 말소리에 잠에서 깼는데, 비가 그치고 안개만 짙게 끼어서 모두 출발할 수 있다는 내용이었습니다. 저도 곧 함께 길을 나섰습니다. 정오가 될 때까지 짙은 안개가 걷히지 않아서 전방 50미터 정도만 보며 계속 걸었습니다. 산세가 아름답다고 유명한 곳이었는데, 하나도 보지 못한 채 아쉬움을 안고 한 발 한 발 내디뎠습니다.

정오 무렵, 안개가 걷히며 파란 하늘과 함께 산들이 모습을 드러냈을 때의 광경은 정말 대단했습니다. 그 모습에 감탄하던 제게 줄곧 함께 걸은 길동무가 말했습니다. '이제 어려운 길은 다 끝났다'라고. 그 말에 저는 많이 놀랐습니다. 사실 순례에 앞서 들은 것만큼 그렇게 오래 걷지도 않았고, 길이 그렇게 많이 어렵지도 않았기 때문이었습니다.

돌이켜 생각해보니 그것은 안개 덕이었습니다. 안개 때문에 바로 앞만 보고 걷다 보니, 길이 얼마나 험난한지 또 앞으로 얼마나 더 남았는지 몰랐기에, 모두가 힘들다던 그 길이 제겐 수월했던 것입니다.

살면서 멀리 보는 것은 중요합니다. 하지만 너무 멀리 보며 일어나지도 않은 일과 그에 대한 걱정과 근심 때문에 '오늘'이라는 선물을 충분히 누리지 못할 때가 있습니다. 결국 오늘의 한 걸음으로 우리는 미래에 도달합니다. 일단 오늘의 한 발만 내딛으면 됩니다.

오늘 내 여정의 한 걸음은 무엇인가요?

해변

Playa de Cádiz

저는 긴 해변 걷기를 좋아합니다. 잦은 이동에도 불구하고 바다와 가깝거나, 쉽게 갈 수 있는 곳에서 살 수 있었던 것은 은총이었지요.

스페인 남부 카디스Cadiz 해변에 있는 피정의 집에서 머문 적이 있습니다. 이 집 뒷문을 통하면 3분이면 긴 해변으로 걸어 나올 수 있습니다. 수영보다는 해변에서 걷는 것을 즐기는 저에게는 피정하기에 적합한 곳이었습니다. 하루는 거주지를 자주 옮겨 다니며 끊임없이 새로운 문화, 언어, 사람들에 적응해야 했던 제 삶의 고단함을 주님께 토로하며 해변을 걷고 있었습니다.

불현듯 제가 좋아했던 해변들과 그곳을 걸었던 추억과 함께 걸었던 사람들이 떠올랐습니다. 어느 나라에서든 그곳에서 삶을 시작할 때면, 제가 좋아하는 해변을 찾을 수 있었고, 종종 친한 사람들과 해변에서 함께 걸었습니다. 지금은 너무 먼 곳에 있는 해변들이고 사람들이지만, 여전히 제 마음을 온기로 가득 채우는 추억에 머물며 감사드렸습니다.

그러다 문득, 이 모든 해변이 큰 바다로 연결되어 있음을 깨달았습니다. 발 밑의 부드러운 모래를 밀어젖히는 파도가 추억의 다른 해변들과도 연결된 하나의 바다라는 사실이 깊은 위안을 주었습니다.

정겹고 친숙했던 사람들과 장소들을 뒤로 하고 다시 시작해야 하는 고단한 삶 속에서, 하느님께서는 항상 함께하셨고 저를 동반해주셨다는 생각이 떠올랐습니다. 무엇보다도 단절되고 조각난 듯 보였던 제 삶의 다양한 장소들이 그분 안에서 하나로 이어진다는 느낌이 강하게 일어났습니다.

앞으로 제 여정이 어디로 나아가든지, 그곳이 낯선 해변일지라도 모든 해변이 그 큰 바다로 연결되듯이, 그분 안에서 하나가 되리라는 확신과 위안을 받았습니다.

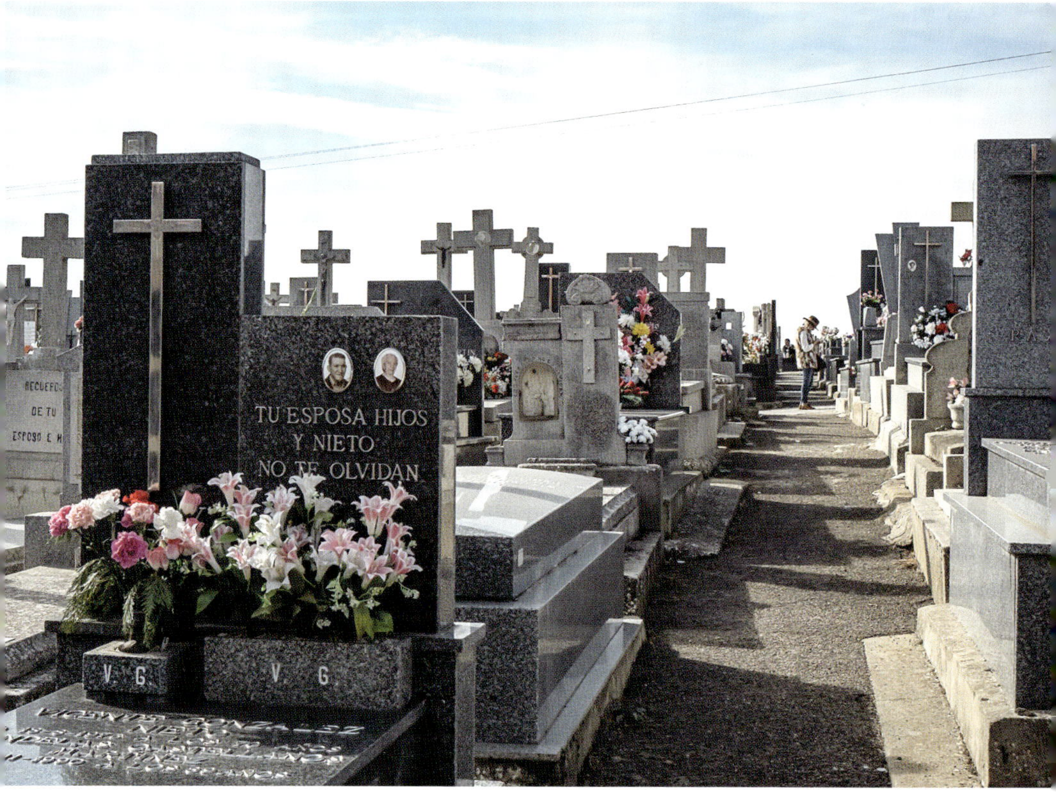
TU ESPOSA HIJOS
Y NIETO
NO TE OLVIDAN
V. G.
V. G.

Familia
Mateos
García

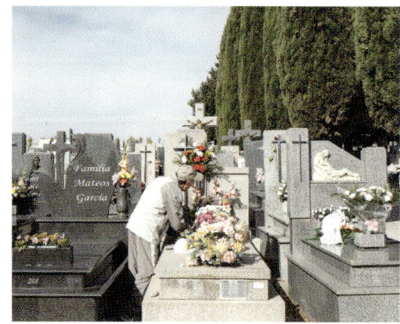

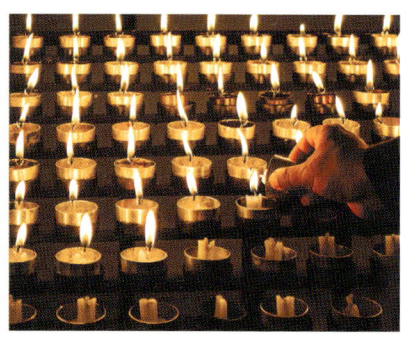

공동묘지

Cementerio

"다른 나라 혹은 낯선 도시를 여행하게 되면, 어떤 곳을 방문해야 그곳의 문화와 정서, 역사를 더 잘 알 수 있을까?" 언젠가 건축가이자 목공인인 친구 수사와 대화를 나누다가 나온 질문이었습니다. 그 친구는 다음과 같이 세 곳을 말했습니다.

"첫째는 공동묘지인데, 과거를 어떻게 기억하며 죽음을 어떻게 대하는지 보기 위해서지. 둘째는 시장인데, 현재 하루하루를 어떻게 살아가는지 보기 위해서 그렇고. 마지막은 도서관인데, 미래를 어떻게 준비하는지 보기 위해서지."

입회 전 건축을 공부했던 저도 공동묘지와 시장은 생각하고 있었던 곳이었기에 쉽게 동의했습니다. 하지만 세 번째는 그 친구와 생각이 달랐는데, 현재를 살아가며 미래와 우리의 삶 너머에 있는 곳을 어떻게 바라보는지를 볼 수 있는 종교 건물이라고 말했습니다.

공동묘지에서는 죽음으로써 이 세상 너머로 옮아간 이들을 기립니다. 모든 나라와 문화권에서는 각기 다른 절차와 풍습이 있고, 때로는 특정한 날을 정해 죽은 이를 기억합니다. 스페인에서는 모든 성인 축일, 캄보디아에서는 프춤번 Pchum Ben, 한국에서는 추석에 우리들에게 생명과 사랑, 추억을 전해주고 이 세상을 떠난 조상을 기리며, 그들에게 감사와 사랑을 표합니다. 이 세상에 없지만, 지난날 우리의 여정을 함께했고, 우리에게 의미를 남겨주었으며, 우리 마음속에 여전히 살아 있는 소중한 이들을 기억합니다. 나라, 문화, 종교마다 방법이 다를 뿐, 통하는 바가 있습니다.

스페인에서는 모든 성인 축일이면 몰려온 가족들로 공동묘지가 가득했습니다. 사람들은 묘비를 물로 닦아낸 다음 가져온 꽃으로 장식했습니다. 혼자 묘비 옆에 앉아 그리움과 슬픔에 찬 얼굴로 머무는 이도 있고, 죽은 이와 대화를 나누는 듯한 이도 있으며, 가족이 모여 시끄럽게 이야기하는 사람들도 있었습니다. 삶과 죽음의 엄중한 경계가 허물어진 듯 이 세상 사람들과 저 세상 사람들이 함께 모여 추억을 나누는 모습 같았습니다. 무엇보다 공동묘지에 모인 사람들의 눈빛과 손길이 인상적이었는데, 그 안에는 죽은 이들에 대한 기억과 감사의 마음이 담겨 있는 듯했기 때문입니다.

기억과 감사. 그것은 또한 우리 신앙의 자세입니다. 주님을 기억하고 감사하는 제사, 미사가 그러하듯 말입니다.

코로나19로 멈춤

COVID-19

2020년 초 코로나19가 전 세계로 퍼지기 시작했을 무렵, 스페인 특히 마드리드에서는 많은 인명 피해가 있었습니다. 당시 저는 마드리드 외곽에 있는 공동체에서 머물며 연학하고 있었습니다. 이 확산세가 저희 공동체에도 영향을 미쳐, 총 5명이 증상을 보이거나 밀접 접촉자로 분류되었습니다. 원장 신부님께서는 처음에는 확진자와의 접촉으로 격리되었다가, 증상이 나타나 한동안 편찮으셨습니다. 다행히 병세가 호전되어 2주간의 추가 격리를 마치고 검사를 했는데, 안타깝게도 양성 반응이 나왔습니다. 그러다 보니 좁은 방에서 47일 동안이나 자가 격리 생활을 하셨습니다.

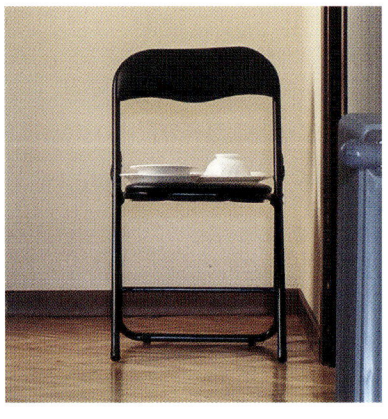

저는 2주간 신부님의 식사와 간식을 방문 앞 의자에 가져다 놓는 봉사를 했습니다. 식사와 간식으로 원하시는 것이 있는지 문자로 여쭤보고 챙겨드리며, 어떻게든 힘든 격리 생활을 도와드리고 싶은 마음으로 정성을 다했습니다. 긴 시간 동안 움직임의 자유를 잃고 홀로 지내며 겪고 있을 아픔과 마음속을 지나는 많은 생각과 감정을 헤아리면서 말이지요.

신부님께 음식을 가져다드릴 때, 종종 봄날의 따스한 빛이 창문을 통해 들어와 꽉 닫힌 문과 음식을 두는 의자 그리고 십자가를 지신 예수님의 그림을 비출 때가 있었습니다. 빛이신 하느님께서 신부님의 힘든 마음을 밝혀 위로해주시고, 예수님께서 함께 아파하시며 사순 시기를 함께 걸어주고 계시다는 느낌을 받았습니다. 당신 몸소 부활과 해방의 시간으로 함께 걸어나가고 계시다고….

앞을 내다볼 수 없고 계획할 수 없이 불확실한 현실을 살아가며, 무엇보다 고통 속에 죽어가는 많은 사람의 여정 속에 계신 하느님의 모습, 예수님의 모습이 그러지 않을까 생각해봅니다. 코로나19 팬데믹이 시작된 지 3년째가 되어갑니다. 백신도 나오고 치료제도 나왔지만 번번히 변이가 나타나 여전히 우리는 그 영향에서 자유롭지 못합니다. 코로나19 유행 초기보다는 활동이나 만남이 자유로워졌지만, 불확실한 현실은 계속 진행 중입니다.

우리가 지상에만 자신을 묶어둔다면 우리는 참자유를 누릴 수 없습니다. 세상으로의 문이 열리는 그날로 이끌어주실 주님을 신뢰하며, 무엇보다 그분에 대한 신뢰 안에서 진정한 마음의 자유를 얻어 하루하루 걸어갈 수 있길 청해봅니다.

,

2020년 초, 마드리드는 3개월간 강력한 봉쇄에 들어갔습니다. 외부 출입도 제한되고 국경을 닫은 것은 물론, 도(道, province) 간의 경계도 문을 닫았습니다. 대학교도 닫히고, 상당히 긴 시간 후에야 온라인으로 공부를 재개했습니다. 하지만 봉쇄가 길어지며 쌓이는 스트레스와 압박감 속에서 공부를 하는 것은 매우 큰 도전이었습니다. 공동체 생활에서도 서로 접촉을 최소화하기 위해서 식사나 모임을 최대한 줄이다 보니 답답함과 소외감 속에서 외로운 시간이 계속되었습니다. 집중력이 떨어지고 머리에 안개가 낀 듯한 느낌도 들었습니다.

연학 중이던 제가 머물던 공동체는 마드리드시 경계에 위치한 대학교 부지 안에 있었는데, 그 주변은 아무것도 없이 정말 황량했습니다. 공부하다가 스트레스를 풀려고, 머리를 환기시킬 겸 커피를 마시러 나가려면 기본적으로 대중교통이든 걸어서든 30분은 걸리는 외떨어진 곳이었습니다. 그런 곳이 봉쇄라는 지금의 상황에서는 어느 곳보다도 안전한 아이러니한 상황이 되었습니다. 더군다나 아파트나 작은 집에서 나오지 못하는 다른 사람들에 비하면 공동체 주변으로 작은 정원이 있어서 언제든 바람을 쐬러 나갈 수 있다는 점은 정말 감사했습니다.

하루는 여느 때처럼 적어도 30분은 걷기 위해서 정원으로 나왔습니다. 무거운 머리와 마음, 해야 할 과제들 생각에 제 시선은 온통 제 속으로 향해 있었습니다. 그러다가 문득, 정원에 피기 시작한 작은 꽃들이 눈에 띄었습니다. 겨우내 말라 있었던 정원을 어느새 흰색, 노란색, 보라색의 작은 꽃들이 수놓고 있었습니다. 순간 '아, 그새 봄이 왔구나!' 하고 놀랐습니다.

코로나19 상황으로 겨울처럼 차갑고 속으로 웅크려지는 시간 속에서도, 자연은 자신의 흐름을 따라 이미 봄을 맞이하고 있었습니다. 코로나19로 세상이 멈춘 것 같고, 미래에 대한 불확실함과 애매하고 어정쩡한 시간 속에서 점점 제 자신 속으로 들어가버리는 듯한 순간에, 하느님께서 '나 여기 있다'라고 말씀하시듯 저를 일깨워주셨습니다.

간혹 고개를 들어 하늘을 보십니까? 여름날 파란 하늘에 풍성한 흰 구름이 바람에 흐르는 모습이나, 타는 듯 붉은 노을이 지는 하늘을 만날 때 우리는 자연히 고개를 들고 하늘을 보게 됩니다. 반대로, 간간이 우리는 고개를 들지 못하고 분주한 삶과 여러 가지 현실의 걱정과 시달림 속에 붙잡혀 살곤 합니다.

우리의 시선이 위로 향할 때 우리는 또한 우리의 자리를 위에서 볼 수 있습니다. 우리가 하느님을 바라볼 때, 우리는 하느님께서 얼마나 큰 자비와 사랑의 시선으로 우리를 내려다보시는지 볼 수 있습니다. 또한 우리는 우리 삶의 발걸음을 돌아보며 함께 걸어주신 예수님을 기억하고 발견할 수 있으며, 매순간 이끌어주신 그분의 손길을 알아채고 감사드릴 수 있습니다.

에
필
로
그

어느 여행에서 돌아가는 길에,
하늘 위로 새 한 무리가 날아갑니다.
긴 하루의 여운을 마음에 담아,
다음 날의 여정으로 한 걸음 한 걸음 나아가는 마음으로,
그분과 함께라면.

대한민국, 2021

쉼 표

,

둘

의식 성찰

의식 성찰은 하느님과 함께 우리 일상의 삶을 돌아보는 기도입니다. 우리의 일상이 바로 기도의 재료이기 때문에 다른 기도보다 쉽게 할 수 있습니다. 마치 일일드라마를 매일 저녁 시청하듯이, 우리의 삶을 하느님과 함께 돌아보는 시간입니다. 또한 이 기도를 통해서 우리는 일상 속에 함께하시는 하느님에 대한 섬세함과 예민함을 기를 수 있습니다. 그 섬세함은 나아가 우리 마음속 하느님의 손길에 대해서도 더욱 깊게 알아차릴 수 있게 도와 줍니다.

　이냐시오 성인은 의식 성찰을 하루 두 번(점심 식사 전 또는 후, 저녁 식사 후) 15분씩 하기를 권합니다. 적어도 하루를 마무리하는 시간에 매일 15분 정도 한 번씩 한다면 많은 도움이 될 것입니다. 혹은 조금 긴 시간 동안 기도하며 한 주간 또는 한 달간을 돌아보는 기도로 할 수도 있겠지요. 일반적으로 첫 번째 감사와 세 번째 성찰에 전체 기도 시간의 절반씩을 머물 수 있겠습니다.

의식 성찰을 하기 전에, 하느님과 고요하고 편안하게 홀로 머물 수 있는 공간과 시간을 찾으세요. 그리고 잠시 하느님께서 자비와 사랑의 눈으로 나를 바라보시고, 나와의 만남을 기대하며 기다리신다는 것을 기억하며 그분의 현존을 느껴보세요.

1. 감사

마지막으로 성찰했던 시간부터 지금까지를 돌아보며 내게 주어진 많은 것에 대해 감사드립니다.

2. 청원

하느님의 눈으로 일상을 성찰할 수 있도록 은총을 청합니다.

3. 성찰

하느님과 함께 내 일상을 돌아보며 우리의 삶과 사람들, 만남과 대화, 사건과 환경을 통해서 하느님께서 어떻게 함께하셨는지를 돌아보고 또한 그것들에 대한 나의 응답은 어떠했는지를 돌아봅니다. 일상의 그 모든 것 안에서 내 마음의 흐름이 어떠했는지 돌아봅니다.

4.1. 용서

하느님께 나의 부족하고 약했던 부분들, 그분과 이웃, 나 자신 그리고 자연을 아프게 했던 것에 대해 용서를 청합니다.

4.2. 새로남

변화해야 할 부분에서 구체적으로 실천할 수 있는 계획을 세웁니다. 하느님께 그 결정을 봉헌하며 은총으로 도와주시길 청합니다.

주님의 기도와 영광송으로 마무리합니다.

길거리 피정

길거리 피정은 자연에서 산책하거나, 우리 일상의 한복판을 걸으며 기도하는 방법입니다. 특히 사진 찍은 것, 하느님의 빛으로 비추어진 것에 멈추어 기도하는 것이 특징입니다. 단지 예쁘게 보이는 피사체를 충동적으로 찍는 것이 아니라, 우리 주변을 기도하는 마음으로 보고, 마음에 와닿는 것을 담아내는 방식으로 사진을 찍는 것이지요. 그러한 사진은 다른 사람과 나누고 소통하는 언어처럼 사용할 수도 있습니다.

• 페이스북 페이지: "길거리 피정"
https://ko-kr.facebook.com/groups/gilpi/

1. 기도하기

혼자 기도하기 좋은 곳에서 오늘의 독서, 복음 말씀, 혹은 좋아하는 성경 구절을 읽고 마음에 와닿는 구절에 머무르며 묵상합니다(c.f. 렉시오 디비나 기도 방법).

2. 걸으며 보기

성경 구절을 마음에 담고 걸으며 주변의 장소, 사람, 때를 봅니다. 마음에 와닿는 것들에 머물며 묵상합니다.

3. 담기

기도하는 구절과 연관되는 장소나 사람, 적합한 시간이 있다면 그것을 사진으로 담습니다.

4. 돌아보기/나누기

마무리를 하며 사진으로 담은 기도 내용을 하느님과 나누고 대화합니다. 혹 다른 이들과 나누고 싶다면, 메시지를 보내거나 SNS에서 나눕니다.

사진으로 하는 의식 성찰
쉼표 영원으로 열리는 순간

서울대교구 인가   2022년 9월 29일
초판 1쇄 펴낸날   2022년 10월 20일
2쇄 펴낸날   2023년 3월 16일

글·사진   김두현 S.J.
펴낸이   나현오
펴낸곳   성서와함께

주소   06910 서울특별시 동작구 흑석로13길 7
전화   02-822-0125~7   팩스   02-822-0128
인터넷 서점   www.withbible.com
전자우편   order@withbible.com
등록번호   14-44(1987년 11월 25일)
–
ⓒ 성서와함께 2022
성경 ⓒ 한국천주교중앙협의회, 2022.
–
ISBN   978-89-7635-407-5   03230
–

이 책에 실린 내용은 펴낸이의 허가 없이 전재 및 복제할 수 없습니다.